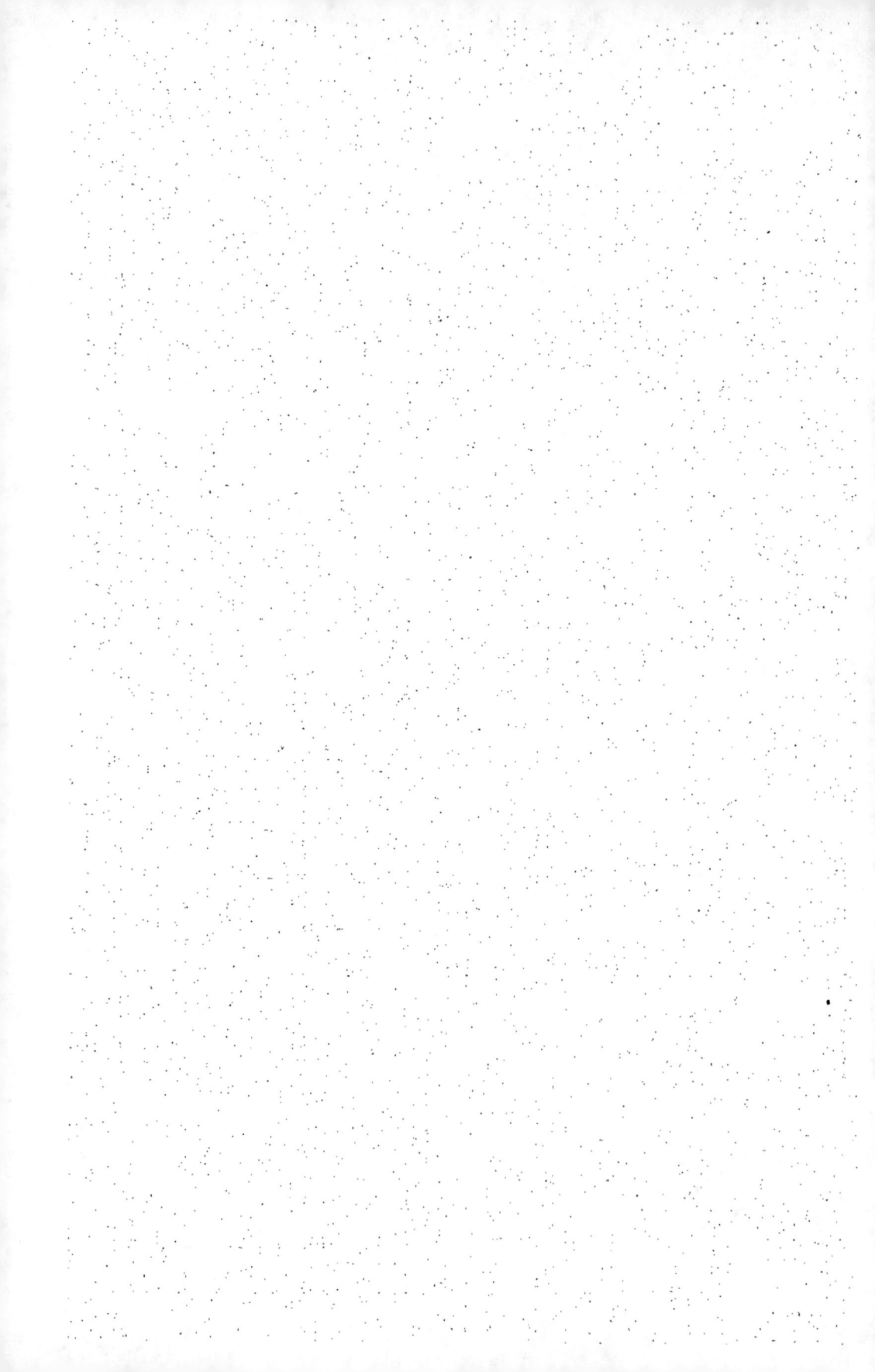

NOTRE-DAME

DE

MARCEILLE

A LIMOUX-SUR-AUDE

Par J. E.

Auteur de plusieurs Ouvrages

TOUS DROITS RÉSERVÉS.

Prix : 50 cent.

CARCASSONNE

J. PARER	PENDARIÈS
éditeur	libraire
Imprimerie Nouvelle.	rue du Séminaire , 7.

IMPRIMERIE NOUVELLE, J. PARER, RUE DE LA PRÉFECTURE, 10

1881

IMPRIMATUR

Cárcassi, die 8 Januarii 1881.

FOURNIER, vic. gén.

Au Lecteur.

Saint Jérôme engage tous les chrétiens à entourer de leurs hommages la Sainte-Vierge. « Nul, dit ce grand docteur, ne doit s'abstenir de louer la bienheureuse Vierge de tout son cœur, de toutes ses forces, alors même qu'il serait le dernier des pécheurs. » Encouragé par ces paroles, je prends la plume pour faire connaître le sanctuaire de Notre-Dame de Marceille et les merveilles opérées sur cette terre privilégiée.

Obéissant aux prescriptions du Saint-Siège, je n'entends prévenir en aucune manière les jugements de l'Eglise sur les récits de faits miraculeux.

Je supplie la bienheureuse Vierge Marie de bénir ces pages écrites pour son amour.

Le 8 novembre 1880, octave de la fête de tous les Saints.

J. E.

NOTRE-DAME

DE

MARCEILLE

A LIMOUX-SUR-AUDE

CHAPITRE PREMIER

Origine de Notre-Dame de Marceille.

Sur une colline voisine de Limoux s'élève une chapelle champêtre, en grande vénération dans la contrée. Cette chapelle est connue sous le nom de Notre-Dame de Marceille. On ignore l'époque de la construction de cette église. L'origine de ce pèlerinage se perd dans la nuit des temps. Un agriculteur, dit une antique tradition, labourait son champ, lorsque ses bœufs s'arrêtent tout à coup. Le laboureur veut les obliger à avancer, ses efforts sont inutiles; il aiguillonne, les bœufs demeurent immobiles. Vous les auriez dit arrêtés par une force invisible. Le laboureur croit au prodige. Avec cette foi vive qui caractérisait nos aïeux, il fait le signe de la croix, s'agenouille et adresse au ciel une fervente prière. Quelle n'est pas sa surprise lorsque, ayant creusé légèrement la terre, il voit de ses yeux une statue de la Vierge, au teint brun, le sourire sur les lèvres.

Il saisit avec un religieux respect cette image miraculeuse et la place dans sa maison. Le lendemain, la statue n'est plus où l'agriculteur l'a posée la veille; on la cherche inutilement. On la trouve au même lieu où le laboureur l'avait découverte, sur ce magnifique plateau qui domine la ville de Limoux-sur-Aude et ses vignobles, terre fortunée d'où l'œil du pèlerin distingue dans le lointain les montagnes pyrénéennes, dont les sommets blanchis par la neige vont se perdre dans la nue, tandis qu'à ses côtés, au pied de la colline, l'Aude roule ses flots paisibles à travers une immense plaine, sillonnée par de magnifiques routes et traversée par le chemin de fer allant de Carcassonne à Quillan.

La Vierge miraculeuse est de nouveau portée au logis du laboureur; mais..., ô prodige!... la statue disparait encore et vient se placer au même endroit où on l'avait vue une première fois.

La Vierge manifestait ainsi sa volonté et prenait possession de ce lieu pour y faire éclater sa puissance et combler de ses faveurs le peuple chrétien. Tout dans l'univers appartient à Marie. La terre, le soleil, le firmament, la lumière, l'océan, les fleuves, les plantes, les fleurs, toutes les créatures appartiennent en propriété inaliénable à cette créature unique, mère de leur Créateur. « Dieu, « dit M. Olier, a fait le monde pour Jésus et pour « Marie ; comme un prince qui, voulant traiter « dignement sa chère épouse, son fils unique et « toute la cour de ce fils chéri, leur prépare un « palais splendide et l'embellit de tout ce qu'il sait « devoir plaire à ses hôtes. »

Marie est elle-même l'honneur, l'ornement et la beauté de la création, Jésus est la beauté de Marie, et Dieu est la beauté de Jésus. Cette doctrine est l'écho de la tradition de tous les siècles.

Les libres-penseurs ignorent ces grandes vérités, mais le chrétien fidèle à la voix de l'Eglise connait ces choses et vit dans la dépendance de Jésus et de Marie. Ordre merveilleux du plan divin ! Vérité fondamentale ! soyez pour nous la source de grandes lumières et de grandes joies !

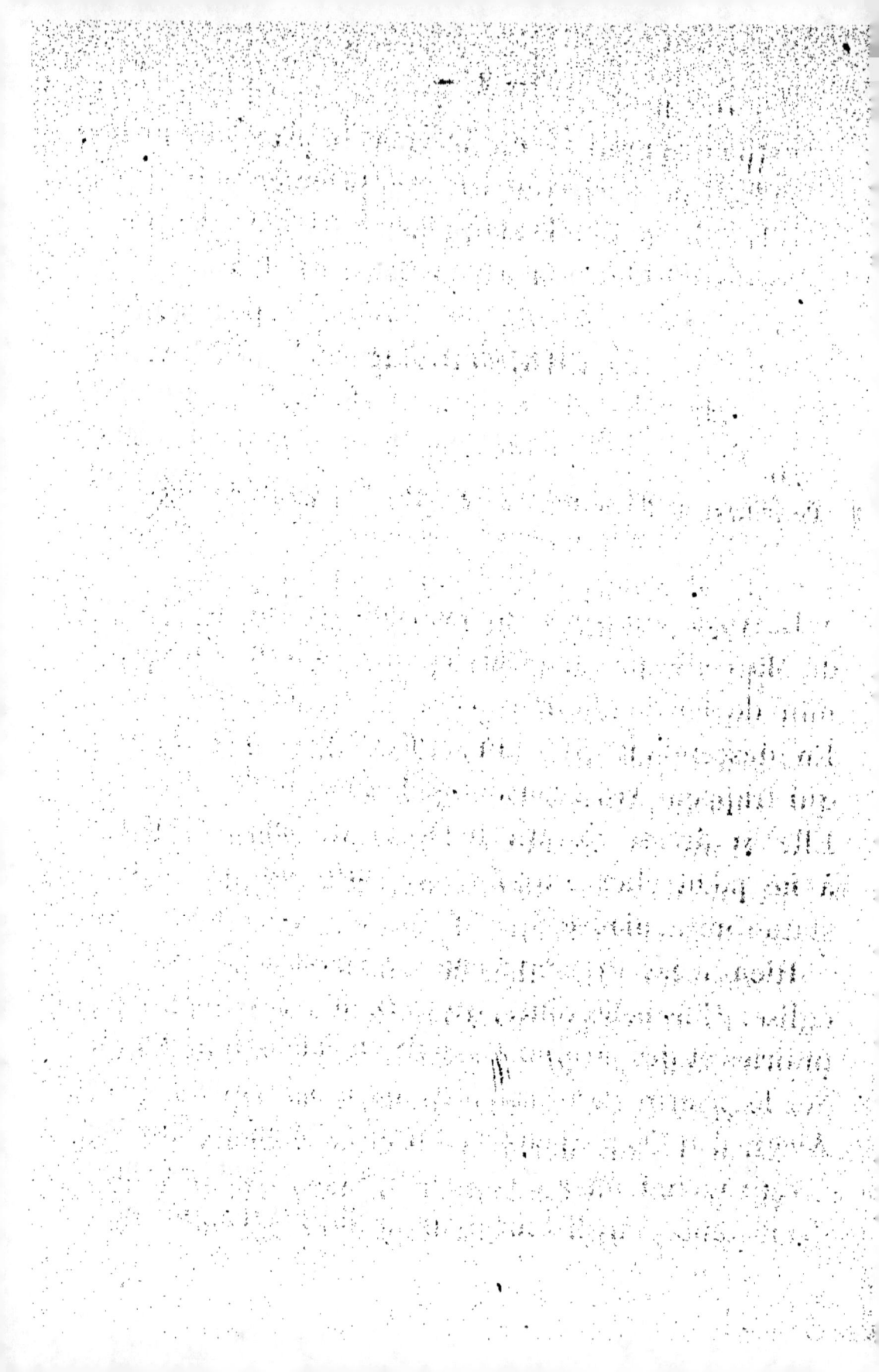

CHAPITRE II

Pèlerinage de Notre-Dame de Marceille à Limoux-sur-Aude.

Le voyageur qui désire se rendre à Notre-Dame de Marceille prend à Carcassonne la ligne du chemin de fer de Quillan jusqu'à Limoux-sur-Aude. En descendant du train, un des premiers objets qui frappent ses regards est l'église de Marceille. Elle se dresse devant lui comme pour l'inviter à ne point aller au-delà sans dire un *Ave* à la statue miraculeuse.

Rien n'est gracieux comme l'avenue de cette église. Une belle route, qui serpente à travers des prairies et des jardins, conduit au sanctuaire. Suivez le pèlerin dans son ascension à Notre-Dame. Avant d'arriver à l'église, il franchit la voie sacrée. C'est une immense côte toute pavée, entrecoupée de distance en distance par de larges bandes de pierre d'environ un pied de largeur (1). Le pèlerin la gravit à genoux. A mi-côte, à droite, se trouve la fontaine miraculeuse. En hiver comme en été, elle coule goutte à goutte. Sur une plaque de marbre est gravée l'inscription suivante : « *Mille malûm species Virgo levavit aquâ :* » Par cette eau, la Vierge guérit de mille espèces de maux.

Le pèlerin s'arrête, boit l'eau merveilleuse, et continue sa pénible ascension. Bientôt une croix de pierre et une terrasse apparaissent à ses yeux ; il se trouve en présence de la chapelle. Avant de parler de ce sanctuaire, nous en rapporterons l'origine.

A peine la découverte de la statue venait-elle d'avoir lieu, que les populations s'empressèrent d'ériger une chapelle champêtre dédiée à l'auguste Mère de Dieu, et le territoire prit probablement alors le nom de Sainte-Marie de Marceille (2).

On ignore l'époque certaine de l'érection du sanctuaire de Marceille. Il existait au X° siècle, et, selon quelques auteurs anciens, il fut élevé par les reli-

---

(1) On compte cinquante-deux bandes de pierre.

(2) Ce mot est la traduction de *Marcellano*.

gieux Bénédictins de l'abbaye de Saint-Hilaire, possesseurs du prieuré de Saint-Martin, à Limoux-sur-Aude. Il est question de ce monument dans des actes du XIe et du XIIIe siècles.

La chapelle primitive a fait place à une vaste église. Au XIVe siècle, la garde de l'église était confiée à un ermite. Nous verrons, au XVIIe siècle, frère Antoine d'Aude, ermite, recevoir à Notre-Dame l'archevêque de Narbonne, Mgr de Rebé.

Le prieuré de Notre-Dame de Marceille devint successivement la propriété de l'archevêque de Narbonne, des boursiers du collège de la même ville, et des Doctrinaires, professeurs du collège de Limoux-sur-Aude, qui le gardèrent jusqu'à la Révolution. A cette époque, il fut vendu comme bien national. La chapelle et ses dépendances constituent encore aujourd'hui, 8 novembre 1880, une propriété privée.

Durant le cours des âges, ce sanctuaire a été l'objet d'indignes profanations. Pourquoi l'homme choisit-il pour le théâtre de ses crimes les lieux privilégiés, témoins singuliers des miséricordes infinies du Créateur ?

En 1222, les Albigeois élurent dans l'église de Notre-Dame de Marceille, Benoit de Thermes évêque hérétique de Carcassonne et du Razès. Au XVIᵉ siècle, elle servit de lazaret en temps de peste et de corps de garde pendant les guerres civiles contre les Huguenots. A l'époque de la grande Révolution, en 1793, on enleva la tête de la statue qui ornait le porche de l'église et on la jeta dans un puits. La statue miraculeuse fut enlevée et préservée de toute profanation par quelques habitants de Limoux.

CHAPITRE III

Eglise de Notre-Dame de Marceille.

La chapelle de Notre-Dame de Marceille est de structure monumentale. Elle forme une croix latine d'une largeur de dix-sept mètres sur quarante de longueur. Son architecture est du XIVe siècle. Son porche, édifié en 1488, est formé par une voûte dont les arêtes reposent sur des faisceaux de colonnettes. Au milieu, sur un cul-de-lampe, est placée une statue de la Vierge, de grandeur naturelle.

Vis-à-vis la porte principale est un puits dont les eaux soulagent les malades. On y lit l'inscription suivante :

« *Hic puteus fons signatus. Parit unda salu-*
« *tem. Æger, junge fidem. Sic bibe, sanus eris.* »

Ce puits est une source sacrée dont l'eau possède la vertu de guérir les malades. Malades, ayez confiance, buvez avec foi de cette eau, et vous reviendrez en santé.

Au-dessus de la porte d'entrée, à l'intérieur, se trouve un écusson de la Vierge, décoré de palmes et de fleurs.

La nef est surmontée d'une voûte hardie et légère (1). Elle renferme une chaire habilement sculptée et de précieux tableaux.

Nous signalerons : 1° celui où est représentée la tentation de saint Antoine; 2° le tableau d'Ambroise Frédeau. On y voit un moine qui, dans le silence de la nuit, écoute des mélodies célestes (2). Au-dessus de la niche, on remarque un tableau historique offert par la ville de Limoux. Il rappelle le terrible incendie qui, au mois de septembre 1685, consuma les deux plus beaux quartiers de la ville, et n'arrêta ses ravages que devant l'intercession de Notre-Dame de Marceille (3).

Non loin de la statue miraculeuse se trouve un objet d'art, apporté de l'Orient à Venise, à l'époque

---

(1) La voûte fut construite en 1783 par l'Italien Bernard Rippa.

(2) Ce tableau fut placé à Notre-Dame en 1684.

(3) Ce tableau a été peint par Sébastien Macoin, au XVIIe siècle.

des Croisades. Il fut donné à Notre-Dame de Marceille, le 14 septembre 1862, par la comtesse de Chambord, épouse d'Henri V. Ce précieux tableau tient à la fois de l'orfévrerie et de la peinture, et représente la Vierge et l'Enfant Jésus. — Dans la chapelle spécialement dédiée à Notre-Dame, on remarque des bâtons, des *crosses* appendus au mur, témoignages irrécusables des miracles opérés en ce lieu par Marie. Dans l'une des sacristies, on vend des objets de piété. Le pèlerin désireux d'emporter un souvenir de sa visite à Notre-Dame de Marceille, le trouve dans cet endroit.

Aime la Sainte Vierge, Chrétien, aime-la de tout ton cœur; sois constant à l'invoquer tous les jours. Sois fidèle à communier souvent en son honneur.

CHAPITRE IV

Couronnement de Notre-Dame de Marceille.

Depuis 1855 jusqu'en 1873, le siège épiscopal de Carcassonne a été occupé par Mgr François de La Bouillerie, prélat aussi recommandable par la noblesse de sa naissance que par ses vertus. Philosophe et poète, profond théologien et orateur éminent, cet illustre Evêque était le père des pauvres, l'honneur de son clergé, le zélateur ardent de toutes les œuvres pies. Chaque année, pendant l'Octave de Notre-Dame de Septembre, Mgr de La Bouillerie faisait le pèlerinage au sanctuaire de Marceille, et rehaussait par sa présence la fête de l'Adoration perpétuelle. Il voulait offrir à la statue miraculeuse un témoignage éclatant de sa filiale dévotion. Pendant son séjour à Rome, en 1862, il

demanda et obtint du Pape Pie IX le privilège de couronner, au nom de Sa Sainteté, l'image de la Vierge de Marceille. Le pieux Evêque fit hommage de la couronne. Elle est en or et ornée de riches pierreries, ainsi que celle de l'Enfant Jésus.

Que signifie cette couronne déposée sur le front béni de Notre-Dame de Marceille?

« Nous le savons, disait Mgr de La Bouillerie, dans sa Lettre pastorale écrite à l'occasion du couronnement solennel de la Vierge de Limoux, nous le savons, c'est vainement que, pour lui rendre ici-bas des honneurs dignes d'elle, nous couronnerions ses statues avec l'or et les pierres précieuses : loin de nous cependant la pensée de refuser à Marie ces hommages extérieurs, s'ils nous aident à mieux exprimer les sentiments de notre âme. Il n'est pas un de nos rites sacrés qui n'emprunte aux objets sensibles son expression et son symbole ; et Jésus-Christ lui-même n'a pas dédaigné d'agréer ces signes du respect et de l'amour des hommes. A sa naissance, les Mages, venus d'Orient, lui offrirent l'or, l'encens et la myrrhe; et quand il fut près de mourir, Madeleine brisa à ses pieds un vase de parfums précieux. Marie agréera notre couronne, comme son divin Fils a agréé l'or, l'encens, la myrrhe et le parfum.

Cette couronne sera comme un pâle reflet qui s'échappera de l'immortelle gloire dont notre divine Reine jouit au ciel, pour éclairer l'une de ses images ici-bas. En couronnant Marie sur la terre, nous proclamerons plus solennellement qu'elle n'est pas seulement la Reine des Anges et des Saints, mais aussi notre Souveraine bien-aimée; et nous essayerons d'imiter, autant que cela est permis à notre humanité infirme, la divine scène de son couronnement, alors que le Verbe éternel, la rappelant vers lui au jour de son triomphe, lui adressa cette belle parole : « Viens, et tu seras couronnée; *Veni, coronaberis* (1). »

« Mais pourquoi cette couronne, que nous offrons à Marie, va-t-elle décorer la statue de Marceille plutôt que telle ou telle autre image?

« Nul de nous n'ignore assurément que, bien que Marie, du haut des cieux, veille partout sur tous nos besoins, exauce partout nos prières, réponde partout à notre filial appel, elle a cependant voulu se choisir certains lieux où les honneurs rendus à son image sollicitent plus vivement et plus efficacement sa maternelle bonté. On dirait

_____

(1) Cant. 4. 8.

que ces heureux sanctuaires sont comme l'étroite toison où Marie répand sa rosée, tandis que le sol reste aride alentour. Vainement une philosophie incrédule accumulera ses arguments frivoles contre l'efficacité merveilleuse des pèlerinages de la Très-Sainte-Vierge. Ni la philosophie, ni l'incrédulité, grâce à Dieu, ne peuvent rien contre des faits de tous les jours qui se succèdent de siècle en siècle ; et l'unique réponse est ici celle de Jésus-Christ aux disciples de Jean : « Allez dire ce que vous « avez entendu et ce que vous avez vu. Les « aveugles voient, les boiteux marchent, les « sourds entendent (1). »

« Eh bien, n'est-ce pas là une de nos plus vives et de nos plus constantes traditions que nulle part, en ce beau diocèse, Marie ne s'est montrée plus tendre, plus maternelle et plus puissante que dans sa chère église de Marceille ? Notre diocèse compte à coup sûr un grand nombre de sanctuaires élevés en l'honneur de Marie, et tous renferment d'immenses richesses de grâces ; mais Marceille les a dépassés ! C'est là que, depuis une longue suite de siècles, on a vu les fidèles accourir pour rendre

(1) Mat. 11. 5.

à Marie un culte éclatant. Que d'ardentes prières ont monté vers la statue antique qui devient aujourd'hui l'objet de tant d'honneur ; que de larmes répandues à ses pieds ; que de mains tendues vers elle ; que de genoux suppliants se sont traînés sur la voie sacrée qui conduit à la sainte colline ! Marie pouvait-elle donc ne se pas montrer mère en présence d'un si filial amour ? Et faut-il s'étonner que dans cet aimable asile, elle ait consolé tant de douleurs, et comme souri, sous le bois sculpté de son image, à cette foi ardente et naïve des populations empressées ?

« Vous demandiez pourquoi le pèlerinage de Marceille allait être aujourd'hui honoré préférablement à tant d'autres ? En deux mots, nous venons de vous le dire : d'abord, parce que nulle part, en ce diocèse, Marie ne s'est révélée plus puissante et plus tendre ; mais aussi, parce que nulle part elle n'a été l'objet d'un culte plus constant et d'un plus vif amour. Oui, c'est la foi et la piété de vos ancêtres qui, de concert avec Marie, si nous osons nous exprimer de la sorte, ont créé ce beau pèlerinage ; c'est votre foi et votre piété qui le continuent et en étendent au loin la renommée : et ainsi la solennité qui se prépare ne sera pas seulement la fête de Marie, elle sera pareillement la vôtre ; elle sera celle de toute une contrée qui se réjouira en voyant sa dévotion séculaire si magnifiquement glorifiée ; et une sorte de patriotique sentiment nous animera tous, lorsque nous couronnerons ensemble la Vierge qui est par excellence la Vierge de notre diocèse — Notre-Dame de Marceille !

« Mais ce serait peu d'avoir compris l'insigne faveur accordée par le Souverain Pontife à notre pèlerinage ; et ce qui importe surtout, c'est que cette faveur ne demeure pas sans fruit pour nous-même.

« Il n'est aucune cérémonie de l'Eglise qui ne tende à nous rendre meilleurs, et ne devienne aussi pour nous un consolant motif d'espérance !

« Le couronnement de la Très-Sainte Vierge contribuera, très-certainement, à accroître notre dévotion envers elle, et nous rappelant le souvenir de tant d'hommages prodigués à Marie en ces lieux, il fera naître dans nos âmes une sainte émulation de prières : mais en même temps, voyez comme cette auguste solennité va nous parler éloquemment de nos immortelles espérances.

« Au moment où nous déposerons la couronne sur la statue de Marie, nous prononcerons cette belle prière : « De même que vous êtes présente-

« ment couronnée par nos mains sur la terre, ô
« Marie, faites que nous soyons un jour couronnés
« de gloire et d'honneur par Jésus-Christ dans le
« ciel. »

« Vous l'entendez, ce n'est plus pour Marie
seulement, c'est aussi pour nous-mêmes que nous
demandons et ambitionnons la couronne. Et ne
pensez pas que cette ambitieuse demande soit de
notre part un vœu téméraire ! Nous ne saurions à
coup sûr nous assimiler à Marie : elle est la Vierge
des vierges, la Reine des anges et des hommes,
l'Epouse bien-aimée des Cantiques, seule toute
belle, seule immaculée, seule remplie de la grâce
du Très-Haut ; et, ni au ciel, ni sur la terre, nulle
créature ne peut prétendre à la couronne qui n'appartient qu'à elle.

« Mais écoutez cependant la parole que saint
Paul adresse à tous les enfants de l'Eglise : « Je
« vous ai tous, dit-il, fiancés à Jésus-Christ, comme
« une chaste vierge ! » Oui, suivant l'expression
de l'Apôtre, fidèles enfants de l'Eglise, nous sommes tous la fiancée du Christ. Ah ! c'est donc nous
aussi que le divin époux a en vue, lorsqu'il appelle
sa fiancée, lui disant : Viens, et je te couronnerai :
Veni, coronaberis.

« Toutefois, rappelons-nous avec le même Apô

tre, que « celui-là seul sera couronné, qui aura « légitimement combattu. » Pour triompher avec la Très-Sainte Vierge, apprêtons-nous à combattre comme elle. Marie, la douce Marie, est comparée, dans nos saints Livres, à une armée rangée en bataille, parce que, terrible dans le combat, elle a vaincu l'antique serpent et l'a écrasé de son talon ; et quand son divin Fils l'a conviée aux sanglantes émotions du Calvaire, la première au pied de la croix, elle est devenue la compagne hardie de sa passion, avant d'être associée à sa gloire.

« Chrétiens, voilà votre modèle. Pour triompher avec Marie, sachez combattre comme elle a combattu ; fuyez comme elle les vains plaisirs du monde ; appliquez-vous, comme elle, aux vertus humbles et cachées ; luttez, à son exemple, contre les ennemis de votre âme, et suivez cette mère de douleurs jusqu'à la montagne du Calvaire. »

C'était le 14 septembre 1862, jour où l'Eglise célèbre la fête de l'Exaltation de la Sainte-Croix ; le ciel était sans nuages, les cloches de toutes les églises et chapelles de la ville de Limoux faisaient retentir l'air de sons joyeux que l'écho lointain redisait encore ; une foule innombrable, accourue de toutes parts, traversait la ville et se rendait au sanctuaire. Vous auriez dit les flots serrés du vaste

Océan. Limoux était pavoisé d'oriflammes aux couleurs de la Vierge. Des arcs de triomphe, des inscriptions, des guirlandes ornaient la voie de la chapelle. Trois heures viennent de sonner. A ce moment, par la voix de ses prêtres, l'Eglise faisait à Dieu cette prière : « Rendez le juste plus juste encore, et obtenez au pécheur le pardon (1). » Le Pontife, revêtu de magnifiques ornements, s'avance à la tête d'un nombreux clergé jusqu'au vestibule du temple (2). Il entre dans la chapelle de Sainte-Croix. Là, les administrateurs de la chapelle et les magistrats de la ville jurent « *solennellement de maintenir toujours avec une fidélité scrupuleuse sur la tête de la statue vénérée* » la riche couronne due à la munificence de Monseigneur François de La Bouillerie, évêque de Carcassonne.

Le chant de l'office terminé, l'Evêque et la foule innombrable des fidèles sortent de l'église. La Vierge était portée sur un trône d'or, orné de magnifiques fleurs. Le Pontife saisit d'une main

---

(1) Hymne des Vêpres de la Sainte-Vierge.

(2) Le Chapitre de l'église cathédrale et trois cents prêtres assistaient à cette cérémonie.

émue les couronnes et les dépose sur la tête de la
statue miraculeuse. Au même instant, le canon
gronde, les fanfares font retentir les airs de leurs
sons bruyants, mélodie terrestre, image, à dit
saint Augustin, de celle que Dieu exécute lui-même
dans son immense éternité (1).

Toutes les lèvres murmurent le nom de la Vierge.
Ave, Maris stella ! chantent les prêtres. Salut,
Etoile de la mer, Mère de Dieu et toujours Vierge !
Notre-Dame de Marceille, je vous salue ! Vous êtes
ma mère, et je vous supplie de m'accepter pour
votre fils et serviteur. Consolez-nous dans toutes
nos angoisses et tribulations, tant spirituelles que
corporelles. Vous êtes toute-puissante, et nous
sommes de pauvres pécheurs. Nous vous en prions,
très-douce Mère, dirigez-nous et défendez-nous
dans toutes nos voies et actions.

Ici-bas, les fêtes passent vite, toutes choses ont
une fin. Le ciel a seul le privilège d'offrir à ses
heureux habitants des fêtes éternelles. Les joies de
la terre sont, hélas ! de courte durée. Les pèlerins
avaient regagné leurs foyers ; aux chants joyeux
avait succédé le silence de la nuit. Çà et là, sur les

----

(1) Epist. 165.

collines voisines de Limoux, mille feux de joie attestaient encore par leurs dernières lueurs la grande solennité de Marceille.

CHAPITRE V

Prodiges et Fêtes de Notre-Dame de Marceille.

Le mois de septembre est une fête continuelle à Notre-Dame de Marceille, un mois de pèlerinages au sanctuaire vénéré de Limoux - sur - Aude. On compte par milliers les pèlerins qui arrivent à Marceille à cette époque.

En 1835, trente mille personnes vinrent en un seul jour offrir leurs hommages à la Vierge immaculée. En 1855, on vit soixante mille pèlerins implorer le secours de la Madone. En 1880, plus de vingt mille personnes sont venues en pèlerinage à la Vierge de Marceille.

C'est ainsi que, chaque année, un nombre considérable de visiteurs accourent du fond de l'Aude, du Toulousain, de l'Ariège et d'autres contrées. Que font ces foules nombreuses au sanctuaire de

Marceille ? — Elles sollicitent la protection de Notre-Dame.

Les rayons du soleil arrivent à la terre en passant par l'atmosphère. De même, Dieu répand sur nous sa grâce par Marie. Notre-Seigneur enseignait lui-même cette vérité à Marie Lataste : « Ma fille, « lui dit Jésus, je suis entre Dieu et les hommes. « Nul ne peut rien obtenir de mon Père, s'il ne « l'obtient par moi. Or, j'ai placé ma Mère entre « les hommes et moi, et je n'accorde rien aux « hommes que par ma Mère et à cause de ma « Mère. »

« Demande à ma Mère toutes les grâces qui te « sont nécessaires ; elle te les obtiendra..... »

Tel est le rôle maternel et souverain de la Sainte Vierge entre Dieu et nous.

Les faits suivants en sont une nouvelle preuve. La plupart sont extraits des légendes qui accompagnent les *ex-voto* qui décorent les murs du sanctuaire de Marceille :

En 1879, Mlle Lucie A..., âgée de treize ans, originaire de Labessonnié (Tarn), était en pension chez les Dames de la Présentation de Castres, lorsqu'elle fut atteinte d'un mal d'yeux qualifié de tache de la cornée. Le mal prit de telles proportions, que l'enfant dut quitter la pension et revenir dans sa famille pour y suivre un traitement. Le médecin constata la gravité de l'affection et l'urgence de la combattre promptement, vu le caractère sérieux qu'elle présentait. Les remèdes ne donnèrent aucun résultat satisfaisant. La mère de la jeune malade demande à la Vierge la guérison de son enfant et fait célébrer à cette intention une neuvaine de Messes à Notre-Dame de Marceille. Marie exauce la foi de cette pieuse femme. Au moment où la neuvième Messe se célèbre, la jeune Lucie se trouve subitement guérie. A partir de ce jour, elle put reprendre ses petits travaux.

En 1858, au mois de février, Victoire Laret, d'Orthez, souffrait depuis huit ans d'une paralysie à une jambe et marchait à l'aide de béquilles. Une religieuse de Saint-Joseph, établie à Pieusse, village voisin de Notre-Dame, lui envoie une bouteille de l'eau de la fontaine miraculeuse, la priant de faire une neuvaine à Notre-Dame. La neuvaine terminée, la malade se trouve guérie.

En 1847, Louis-Jean-Pierre Serny, habitant le village de Caudeval, canton de Chalabre, souffrait depuis quatorze ans environ d'une colique pituiteuse et bilieuse ; il se recommande à Notre-Dame de Marceille, et est miraculeusement guéri.

Un ancien habitant de Limoux, Antoine Sicre,

résidait à Cadix, en Espagne, lorsque la fièvre jaune vient ravager la ville. Antoine Siere est atteint par cette redoutable maladie le 20 septembre 1819; il invoque Notre-Dame de Marceille, et recouvre la santé.

En 1816, les habitants de Magrie étaient affligés d'une maladie contagieuse; ils vinrent en procession à Notre-Dame de Marceille, se mirent sous sa protection, et, peu de temps après, la maladie cessa.

En 1751, Jean-Vidal Lafacture, de Limoux, avait une paralysie au bras et à la jambe; il se lave avec de l'eau de la fontaine miraculeuse, se recommande à Notre-Dame de Marceille, et est guéri.

En 1740, François Régnault, sacristain de la paroisse de Saint-Martin, à Limoux, avait le visage défiguré par un cancer. Les médecins avaient déclaré le mal incurable. Le malade s'adresse avec confiance à la Vierge de Marceille, se lave plusieurs fois avec l'eau de la fontaine, et est radicalement guéri en douze jours.

Nous pourrions édifier le lecteur par le récit d'autres prodiges dus à l'intercession de la Vierge de Marceille; nous laissons à d'autres le soin de les recueillir et de les publier.

Gloire à Notre-Dame de Marceille, à l'Immaculée Mère de Dieu ! Elle se plait à consoler nos misères et à guérir à la fois les corps et les âmes.

CHAPITRE VI

Les Missiónnaires de Notre-Dame de Marceille.

Dès le XVIIᵉ siècle, les Archevêques de Narbonne avaient résolu d'établir des missionnaires à Notre-Dame de Marceille pour évangéliser le Razès. L'un d'eux, François de Fouquet, aurait voulu encore fonder en ce lieu une école ecclésiastique où les prêtres auraient contracté l'habitude de l'étude et se seraient formés à la pratique de la vertu. Alors on construisit ce grand bâtiment qui avoisine l'église. Le projet de cet illustre Archevêque ne se réalisa point. Notre-Dame fut cédée aux Religieux Doctrinaires, en 1675, par Pierre de Bonzy, cardinal-archevêque de Narbonne. Depuis la Révolution française de 1793, la chapelle était desservie par un aumônier. Mgr de

La Bouillerie, évêque de Carcassonne, avait formé le projet d'établir à Notre-Dame des prêtres de la Congrégation de la Mission. L'illustre Prélat laissa à son successeur le soin de réaliser ce dessein. Mgr François de Sales Albert Leuillieux confia le sanctuaire de Notre-Dame aux Lazaristes. Loin du tumulte, ces humbles fils de Vincent de Paul vivent dans le silence et la retraite. Ils évangélisent les pèlerins et ne quittent leur solitude que pour aller donner des Missions dans les bourgs et les villages du diocèse de Carcassonne. Nous avons connu nous-même ces pieux et vaillants apôtres. Quelques-uns de leurs frères furent nos maîtres. Ils nous ont appris, par leur parole et leur exemple, le respect de la vérité, l'amour de la justice et la constance dans la pratique du bien.

L'établissement des Missionnaires à Marceille, la fondation du Collège Catholique de Castelnaudary, l'établissement de plusieurs Retraites Ecclésiastiques annuelles et la création des Ecoles chrétiennes libres de Carcassonne, rendront témoignage aux générations futures du zèle valeureux de Mgr François de Sales Albert Leuillieux.

O bonne Vierge de Marceille, donnez toujours à ce diocèse des Evêques selon le cœur de Dieu !

Ils nous apprendront à vous bénir et à vous aimer et nous dirigeront avec douceur et fermeté dans le chemin de la vertu.

Mère Immaculée, obtenez aux prêtres de la sainte Eglise les grâces qui leur sont nécessaires. Je vous supplie de leur donner un amour ardent pour le Cœur sacré de votre divin Fils, une grande dévotion au glorieux patriarche saint Joseph. Obtenez-nous la douceur de Moïse, le zèle d'Elie, la sagesse de Salomon, la foi de saint Pierre, la charité de saint Paul, la fermeté de saint Jean-Chrysostôme, la piété de saint François et la liberté évangélique de saint Ambroise. Conduisez-nous dans toutes nos actions; faites de nous dans ce monde de vrais pénitents, afin que nous entrions un jour dans ce torrent de délices éternelles que Jésus a promis à ses élus.

CHAPITRE VII

Pourquoi et comment nous devons invoquer Marie.

La Sainte Vierge Marie est la Mère de Dieu. Par Elle Jésus-Christ est venu au monde, et c'est par Elle qu'il doit régner dans le monde. Marie est une simple créature, mais Dieu l'a élevée si haut en dignité, qu'aucune autre créature ne peut lui être comparée. Après Jésus, qui est Dieu, il n'y a rien au ciel et sur la terre de plus grand, de plus parfait, de plus admirable, de plus digne d'amour que la Très-Sainte Vierge Marie.

Dieu le Père a communiqué à Marie sa fécondité autant qu'une pure créature en était capable, pour lui donner le pouvoir de produire son Fils et tous les membres de son corps mystique. Dieu le Fils a fait de Marie sa Mère. Il a commencé, et Il continue ses miracles jusqu'à la fin des siècles par Marie.

Le Saint-Esprit a fait de Marie son très-pur Sanctuaire. Par l'entremise de la Très-Sainte Vierge, Il a produit Jésus, un Dieu fait homme, et par Elle et avec Elle il produit tous les jours et produira jusqu'à la fin du monde les prédestinés. O mystère de grâce inconnu au plus grand nombre de chrétiens ! O mon âme, unis-toi intimement à Marie ! Plus cette union avec la Vierge Immaculée sera étroite, plus le travail de l'Esprit vivificateur dans ton sein sera fécond.

Marie est la cité de Bethléem, c'est-à-dire la cité du pain. Elle nous donne Jésus lui-même, qui est la substance de sa substance et le lait de son amour.

Les dons célestes arrivent aux hommes par Marie.

« Je suis la source immense du salut du monde,
« disait Notre-Seigneur à Marie Lataste, je suis la
« source infinie des grâces données au monde.
« Mais cette source ne coule pas directement sur le
« monde : elle passe par Marie ; et ma Mère est la
« créature très-sainte, très-pure et très-parfaite
« que j'ai choisie éternellement, en union avec
« Dieu le Père et Dieu le Saint-Esprit, pour répan-
« dre tous les dons du ciel sur la terre. »

Saint Augustin affirme que tous les prédestinés, pour être conformes à l'image du Fils de Dieu, sont en ce monde cachés dans le sein de la Très-Sainte Vierge, où ils sont gardés, nourris, entretenus et agrandis par cette bonne Mère, jusqu'à ce qu'elle les enfante à la gloire.

Aimons la Sainte Vierge, invoquons-la souvent, recommandons-nous à sa puissante médiation.

Jésus, disent saint Bernard et saint Bonaventure, nous conduit au Père éternel, il est notre médiateur de Rédemption. Mais Marie, notre médiatrice d'intercession, nous mène à Jésus.

Les anciens peuples, en Orient, offraient des couronnes de roses aux personnes distinguées. Les premiers chrétiens honoraient de la même manière les images de Notre-Dame. Saint Grégoire de Nazianze substitua à la couronne matérielle de roses une couronne spirituelle de prières, ou rosaire. Sainte Brigitte, au VIᵉ siècle, remplaça les prières de saint Grégoire par le *Credo*, le *Pater* et l'*Ave Maria*.

Tous les Saints ont singulièrement aimé cette belle prière de l'*Ave Maria*. « Toutes les fois que « sur la terre, dit la Sainte Vierge à sainte Gertrude, une âme récite pieusement l'*Ave Maria*, « je répands comme une nouvelle rosée de joie « sur les Anges et sur les Saints; et en même « temps cette âme reçoit un grand accroissement

« des trésors spirituels dont l'Incarnation du Fils
« de Dieu l'avait déjà enrichie. »

Le rosaire, actuellement en usage dans l'Eglise,
a été réglé par saint Dominique, il y a de cela
bientôt sept cents ans.

Un rosaire est une espèce de couronne composée
de petits grains, enfilés et divisés par dizaines. Les
dizaines sont séparées les unes des autres par un
grain plus gros, sur lequel on récite *Notre Père.*
Sur chacun des petits grains de la dizaine, on
récite *Je vous salue, Marie.* Le rosaire est com-
posé de quinze dizaines. Sur la croix qui, d'ordi-
naire, pend au rosaire, on dit *Je crois en Dieu.*
On termine chaque dizaine par le *Gloria Patri.*

Le chapelet est le tiers du rosaire ; il se compose
de cinq dizaines d'*Ave Maria,* coupées par cinq
Pater. La Sainte Vierge elle-même inspira à saint
Dominique de diviser le rosaire en dizaines, et de
réunir en quinze tableaux, appelés *mystères,* les
actes les plus importants de la vie de Jésus et de
Marie. Nous rappelons ici ces mystères. Récitons
souvent le chapelet. Cette prière est pour tous,
pour les savants comme pour les ignorants, pour
les princes comme pour les pauvres gens. Le
Credo, le *Pater,* l'*Ave Maria* est pour tous, parce
que Dieu et son amour sont pour tous.

CHAPITRE VIII

Mystères du Rosaire. — Prière à Notre-Dame. — Conclusion. — Cantiques.

MYSTÈRES DU ROSAIRE

I

Mystères joyeux.

1ᵉʳ MYSTÈRE. — *Annonciation de l'Ange Gabriel et Incarnation du Fils de Dieu dans le sein de Marie.*

Demandons à Dieu l'humilité et la conversion des pécheurs.

2ᵐᵉ MYSTÈRE. — *Visitation de la Sainte Vierge chez sainte Elisabeth.*

Demandons à Dieu la charité envers le prochain, plus particulièrement à l'égard de nos ennemis.

Prions pour les persécuteurs de l'Eglise.

3ᵐᵉ MYSTÈRE. — *Naissance de l'adorable Enfant Jésus, à Bethléem.*

Demandons à Dieu l'amour de la pauvreté et des humiliations.

Prions pour le Souverain-Pontife, les Evêques et tout le clergé catholique.

4ᵐᵉ MYSTÈRE. — *Présentation de l'Enfant Jésus au temple de Jérusalem.*

Demandons à Dieu la vertu d'obéissance.

Prions pour les Ordres religieux.

5me MYSTÈRE. — *Jésus retrouvé dans le temple, au milieu des docteurs, quand il avait douze ans.*

Demandons à Dieu la piété et le zèle du salut des âmes.

Prions pour les Congrégations et Sociétés religieuses.

II

Mystères douloureux.

1er MYSTÈRE. — *Prière et agonie de Notre-Seigneur au jardin des Olives, au commencement de sa Passion.*

Demandons à Dieu la soumission à son adorable volonté.

Prions pour nos parents et nos bienfaiteurs.

2ᵐᵉ MYSTÈRE. — *Flagellation de Jésus-Christ dans le prétoire de Pilate.*

Demandons à Dieu les vertus de mortification et de patience.

Prions pour les infidèles, les hérétiques et les schismatiques.

3ᵐᵉ MYSTÈRE. — *Couronnement d'épines de Notre-Seigneur.*

Demandons à Dieu la vertu de chasteté et le mépris des plaisirs de la terre.

Prions pour les pauvres pécheurs.

4ᵐᵉ MYSTÈRE. — *Jésus-Christ condamné à mort et chargé de la Croix.*

Demandons à Dieu le renoncement à nous-même et une grande douleur de nos péchés.

Prions pour les âmes du purgatoire.

5ᵐᵉ MYSTÈRE. — *Crucifiement, mort et sépulture de Notre-Seigneur.*

Demandons à Dieu l'extension de son royaume sur la terre.

Prions pour les impies, les incrédules et les mauvais chrétiens.

III

Mystères glorieux.

1ᵉʳ MYSTÈRE. — *Triomphe de Jésus au jour de sa Résurrection.*

Demandons à Dieu une foi vive et courageuse.

Foulons aux pieds le respect humain et appliquons-nous avec ardeur à toutes sortes de bonnes œuvres.

2me MYSTÈRE. — *Ascension triomphante de Notre-Seigneur.*

Demandons à Dieu une ferme espérance.

Résistons avec énergie aux suggestions de Satan et du monde.

3me MYSTÈRE. — *Le Saint-Esprit descend sur la Sainte Vierge et sur les Apôtres réunis au cénacle, le jour de la Pentecôte.*

Demandons à Dieu une charité parfaite.

Travaillons à devenir des Saints. Toute dévotion doit nous porter à l'abnégation de nous-même C'est là une mort nécessaire et féconde.

4me MYSTÈRE. — *Mort et Assomption de la Très-Sainte Vierge.*

Demandons à Dieu la grâce d'une bonne mort.

Approchons-nous souvent de la sainte Table; la communion est à l'âme ce que le pain est au corps.

5me MYSTÈRE. — *Couronnement de la Sainte Vierge dans le Ciel.*

Demandons à Dieu une grande dévotion envers la Très-Sainte Vierge.

Ne laissons passer aucun jour sans réciter le chapelet. Tous les Saints ont été fidèles à honorer Marie.

════

Cœur sacré de Jésus,
Ayez pitié de nous.

Cœur Immaculé de Marie,
Priez pour nous.

Cœur simple et bon de saint Joseph,
Intercédez pour nous.

Cor Jesu sacratissimum,
Miserere nobis.

Cor Mariæ immaculatum,
Ora pro nobis.

Cor simplex et bonum Joseph,
Intercede pro nobis.

════

PRIÈRE A NOTRE-DAME.

Vierge de Marceille, Sainte Marie, Mère de Dieu, je me consacre tout entier à vous. Recevez-moi sous votre puissante protection! Prenez-moi, je vous en conjure, entre vos bras sacrés; cachez-moi dans votre Cœur immaculé; jetez-moi bien avant dans cet abîme de sainteté; enfouissez-moi pour toujours dans cette fournaise ardente de flammes célestes! O Cœur de Marie, après le divin Cœur de Jésus, le plus noble, le plus pur et le plus aimable de tous les cœurs de la terre et des cieux, soyez toute ma vie, tous mes mérites, toute ma récompense pendant l'éternité. Cœur sans tache de ma tendre Mère, toujours possédez-moi! Cœur de mon auguste Reine, toujours comman-dez-moi! Cœur de mon charitable guide, toujours conduisez-moi! Angélique douceur de Marie, paci-fiez-moi! Héroïque patience de Marie, soutenez-moi! Sainte pauvreté de Marie, détachez-moi! Ineffables richesses de Marie, suffisez-moi! Céleste pureté du Cœur de Marie, purifiez-moi! Brûlante charité du Cœur de Marie, embrasez-moi! O Cœur mille fois aimé, soyez tout à moi et moi tout à vous! Notre-Dame de Marceille, aimable Vierge Marie, vous êtes cette eau vive dont j'ai soif. Mon cœur altéré et ulcéré se porte vers vous avec une ardeur qui le consume. Ah! ne me laissez pas languir plus longtemps! Que je pénètre dans votre cœur immaculé! Que j'entende sans cesse la douce voix de votre amour! Que je jouisse éternellement de vos communications les plus intimes. Amen.

CONCLUSION

Cet écrit sur le pèlerinage de Notre-Dame de Marceille à Limoux-sur-Aude vous aidera, je l'espère, cher lecteur, à développer dans votre cœur une piété profonde envers la Très-Sainte Vierge. Louez, exaltez, vénérez et aimez Marie tous les jours de votre vie. Ne séparez point le culte de saint Joseph de celui de la Très-Sainte Vierge.

Que votre bouche balbutie souvent les noms sacrés de Jésus, de Marie et de Joseph. Ne faites jamais rien, ne dites jamais rien, qui puisse offenser cette très-pure Vierge. Joseph sera pour vous l'échelle qui vous permettra de monter au ciel, à ce beau ciel dont Marie est la porte et dans lequel nous devons à jamais rendre gloire à Jésus-Christ, vivant et régnant au siècle des siècles avec le Père et le Saint-Esprit.

CANTIQUES

A

NOTRE-DAME DE MARCEILLE

N° 1.

Symboles de Marie

AIR : *Je suis chrétien, etc.*

I

Salut, ô doux nom de Marie,
Note échappée aux luths divins !
Salut, suave mélodie,
Que murmurent les Séraphins !

REFRAIN.

Salut, ô Vierge de Marceille !
Salut, ô Reine de Limoux !
Sur tes enfants jour et nuit veille,
Que ton bras s'étende sur nous.

II

Salut, ô Vierge immaculée,
Lis pur de la virginité !
Verse dans notre âme exilée
Le baume de la pureté.

III

Salut, salut, Rose immortelle,
Symbole divin de l'amour !
Pour toi, qu'une ferveur nouvelle
Brûle en notre âme chaque jour.

IV

Salut, ô céleste Violette,
Parfum de la Divinité !
A Limoux comme à la Salette,
Tu nous prêches l'humilité.

V

Salut, ô Tige magnifique,
Cueillie aux jardins de David !
Sur toi parut la fleur mystique
Où l'Esprit d'amour descendit.

VI

Salut, Patronne de la France,
De la France de saint Louis !
Deviens notre Arche d'alliance,
Et dissipe nos ennemis.

VII

Salut, éblouissante Etoile
Du nautonnier près de la mort !
Vers toi s'il dirige sa voile,
Il reviendra joyeux au port.

VIII

Salut à toi, Porte éclatante
De la Cité des bienheureux !
Dans la milice triomphante
Introduis tes enfants pieux.

F. S.

N° 2.

I

O Vierge de Marceille,
Du haut de tes autels
Daigne prêter l'oreille
A nos vœux solennels.

REFRAIN.

Toujours, toujours, ô Vierge de Marceille,
Toujours, toujours, Patronne de Limoux,
Sur notre France veille,
Du Ciel protège-nous !

II

Tu fus, ô bonne Mère,
Dans les jours désastreux,
L'Etoile tutélaire
De nos fervents aïeux.

III

En lettres d'or, l'histoire
Déroule sous nos yeux
Ton règne plein de gloire,
Tes miracles nombreux.

IV

Devant ta douce Image,
Je prie avec ferveur
Quand je suis d'âge en âge
Ta légende d'honneur.

V

Je vois alors, ma Mère,
Prosternés devant Toi,
Secouant leur poussière,
Dix siècles pleins de foi.

VI

Vierge, notre espérance,
Doux espoir du chrétien,
Sauve, sauve la France !
Te dit le pèlerin.

VII

Conjure les orages
Que l'enfer a vomis ;
Affermis nos courages,
Confonds nos ennemis.

VIII

En voyant ton sourire
Ineffable, divin,
Ah ! qui donc pourrait dire
Que l'on t'invoque en vain !

Mme C...

N° 3.

I

O divine Madone,
Ecoute tes enfants ;
Accepte leur couronne,
Et leurs vœux, et leurs chants.

REFRAIN.

Madone de Marceille,
Voici, voici, voici
Le mois des roses et des lis ;
Il t'offre sa corbeille,
Ses bouquets tout fleuris.

II

Pour l'autel de Marie
Glanez, à pleines mains,
Le lis de la prairie,
La rose des jardins.

III

Sous l'œil de la Prière,
Dans un divin bosquet,
Je glane pour ma Mère
Un plus riche bouquet.

IV

Mon bouquet se compose
De ce lis : pureté;
Et sa plus belle rose
Est l'humble charité.

V

Son gazon, sa verdure
Sont la simplicité.
Mais, pour toi, Vierge pure,
A-t-il plus de beauté ?

VI

Effeuillez-vous, ô roses;
O lis, effeuillez-vous.
Mes fleurs, fraîches écloses,
Ont des parfums plus doux,

VII

En ce jour, pour offrande,
Mère, reçois mon cœur;
C'est la seule guirlande
Digne de ta faveur.

VIII

Voici, Madone de Marseille,
Le mois béni, le mois des fleurs.
Il t'offre sa corbeille,
Ma Mère. , et nous nos cœurs.

Mᵐᵉ O...

N° 4.

Marie, mon refuge

AIR : *Combien j'ai douce souvenance.*

I

Oh ! prête une oreille attendrie
A la faible voix qui te prie :
Je me prosterne à tes genoux,
   Marie !
Pour implorer ton nom si doux
   A tous.

II

Ici, dans la vallée amère,
Mon âme gémit, étrangère ;
Mais à ton nom plein de douceur,
   Ma Mère,
Je sens renaître le bonheur
   Du cœur.

III

Dans ta chapelle de Marceille,
Mon espérance, qui sommeille,
Soudain au pied de ton autel
S'éveille :
J'aspire au bonheur éternel
Du Ciel.

IV

Aux jours de mon pèlerinage,
Vierge, ranime mon courage,
Et lorsque gronde furieux
L'orage,
Sur ton enfant jette les yeux,
Des Cieux.

V

Si de Toi mon cœur se détache,
Qu'à mes yeux le soleil se cache,
Et que ma langue à son palais
S'attache !
Pourrais-je oublier tes bienfaits ?
Jamais !

F. S.

TABLE DES MATIÈRES

40